30秒
看世界

30秒认识雨林

[英] 珍·格林 著

[英] 斯蒂夫·墨菲 绘

[英] 米卡·佩克 顾问

何为之 译

中信出版集团 | 北京

图书在版编目（CIP）数据

30 秒认识雨林 /（英）珍·格林著；何为之译 . --
北京：中信出版社，2019.7
（30 秒看世界）
书名原文：Rainforest in 30 Seconds
ISBN 978-7-5217-0732-8

I. ① 3… II. ①珍… ②何… III. ①雨林 – 少儿读物
IV. ① S718.54-49

中国版本图书馆 CIP 数据核字（2019）第 116895 号

30秒认识雨林

著　　者：[英] 珍·格林
译　　者：何为之
出版发行：中信出版集团股份有限公司
（北京市朝阳区惠新东街甲 4 号富盛大厦 2 座　邮编　100029）
承 印 者：北京利丰雅高长城印刷有限公司

开　　本：787 mm × 1092 mm　1/16　　印　　张：5　　字　　数：60 千字
版　　次：2019 年 7 月第 1 版　　印　　次：2019 年 7 月第 1 次印刷
京权图字：01–2018–7505　　广告经营许可证：京朝工商广字第 8087 号
审 图 号：GS（2018）5921 号
书　　号：ISBN 978–7–5217–0732–8
定　　价：460.00 元（全 20 册）

图书策划：见识城邦
策划编辑：肖雪　程时音　　责任编辑：卢建勇　曲沛然　于贺
营销编辑：杨瑛　　装帧设计：象上设计
责任印制：刘新蓉

30秒认识雨林

目录

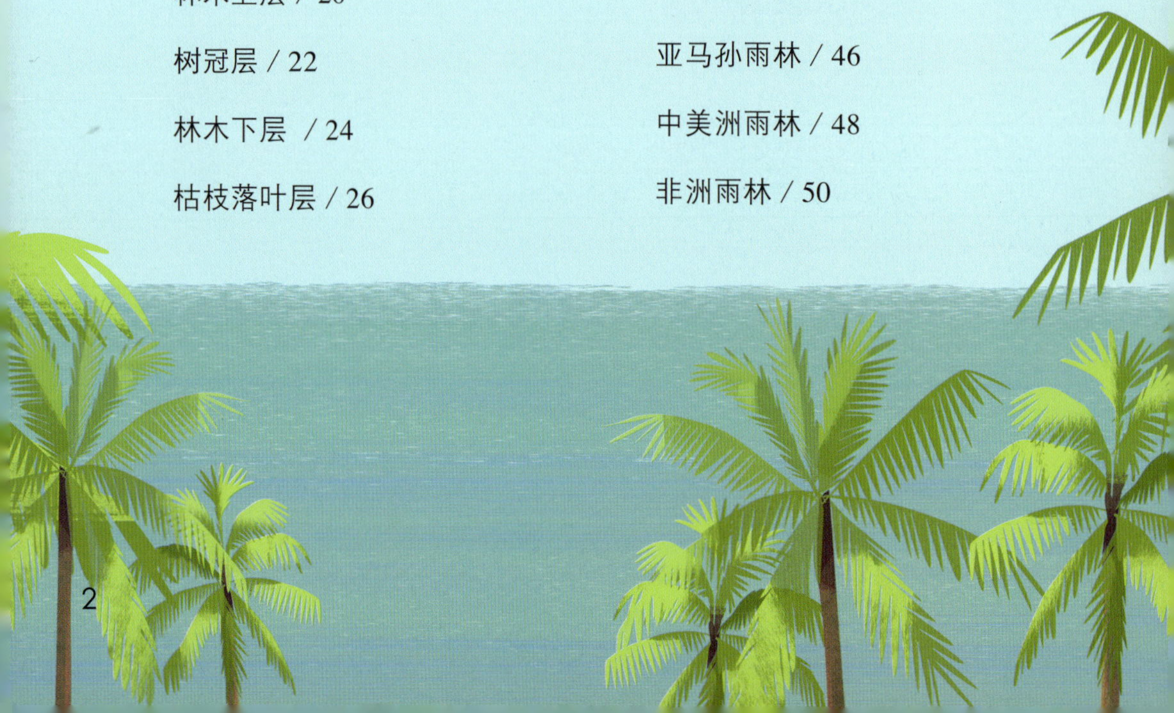

人 · 雨林 / 59

雨林的未来 / 69

序

60秒介绍

雨林是我们星球上最丰富多彩的栖息地。这片浓厚阴郁的密林只占据地球表面的一小部分，却是超过一半陆生动植物物种的家园。科学家们估计，有超过1 000万种生物生活在雨林里。当然，这只是估计和猜测，我们唯一确认的是，每年在雨林里，科学家们都能发现好几十种新物种。

本书将与您一起探索雨林的分布，了解生物在雨林中如何生长。我们将会看到雨林带给人类的各种礼物，包括各种药材。我们还将一同学习雨林是如何维持我们这颗星球的健康的。

可惜的是，这片无价的森林正在慢慢消失。为了获取木材或是耕地，人类不停砍伐雨林。我们将通过本书了解到，雨林不仅对于周边地区，而且对全世界来说，意义都非常重要。我们也会看到人类为了保护雨林所付出的努力。

本书包含30个主题，分为6章。每个主题包含若干基础信息，可在30秒内完成速览式学习。每个主题还包含一条可3秒读完的极简总结。在学习了这些基础知识后，您可以一试身手：测试蒸腾作用的工作机理、完成一次微型昆虫的调查、追踪动物足迹等等。那么，带上指南针，穿上防水衣，进入绚丽多彩而充满神秘的雨林世界吧！

雨林是什么

闭上眼睛，展开想象：你正身处一片宽广葱郁的密林中，粗壮的树干拼命生长，向四面八方展开叶片，吸收阳光；摇曳的藤蔓、纠缠的枝丫占据了视野的每一个角落；嘈杂的昆虫在闷热的空气中轻歌曼舞——当然，不是所有雨林都得在热带。本章将向您介绍雨林的分布、雨林内的环境，还有组成雨林的植物是如何生存繁衍的。

雨林的分布

30秒大揭秘

赤道是一条假想的曲线，环绕地球中央。热带雨林环绕着赤道，形成一条茂密的绿带。赤道附近温暖，终年气温都在27℃上下，潮湿的空气更让人觉得加倍闷热。而充足的热量和降水却是植物生长的有利条件。

温带雨林生长在赤道南北相对凉爽的区域内，这些区域也非常多雨。

亚马孙雨林是世界上最大的雨林。这里的生物种类多于地球上其他自然环境。从空中俯瞰，亚马孙雨林就像一片绿色的绒毯，一直延伸到天边。

雨林分几种。多数雨林生长在像河谷那样地势低洼的区域，尽管常受洪水威胁，树木还是密密麻麻地盖满了河流的两岸。云雾森林则分布在丘陵或山脉间，几乎无时无刻不被水雾——低云环绕。红树林分布在热带海岸，高跷一般的根系确保植株不受咸水的影响。

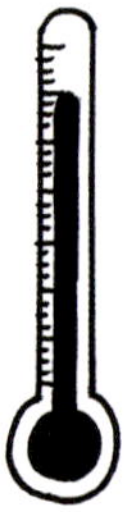

3秒钟总结

雨林在热带和温带都可以生长。

小知识

世界上最小的雨林

世界上最小的雨林之一当属马来西亚首都吉隆坡市中心的咖啡山森林保护区。这一小片大自然坐落于人口超过300万的大都市的中心地带，世界上最高的摩天大楼之一触手可及。这片森林估计已有300万年的历史，栖息着猴子、巨蟒、松鼠和巨蜥。

雨林在热带与温带皆有分布

雨林可以分为几种

为何如此潮湿

30秒大揭秘

顾名思义，“雨林”——雨水多的森林！

这些潮湿阴郁的森林年降水量至少有2 000毫米，大约是纽约的两倍、伦敦的三倍。

尽管多数清晨都阳光明媚，但乌云往往在午间聚拢，暴雨常在午后不期而至。因此，想去雨林旅行的你，做好准备吧！

那么，这么多雨水是从哪里来的呢？多数热带雨林位于海洋潮湿气流登陆的通道上，而雨林本身也有自己的水分循环。事实上，75%的降水来自雨林自身与周边大气、河流的水分循环——这一循环被称作水循环。

雨滴落下，或被植物吸收，或渗入土壤而汇入河湖溪流。太阳的热量令水面、路面的水分蒸发为水蒸气，空气因高湿度而感觉黏稠。暖湿空气随即上升遇冷，凝结成云，致雨落下，完成循环。

3分钟任务

蒸腾作用试验

植物通过叶面的小孔散发水分，这一过程被称为蒸腾作用。我们将通过下面的试验进行验证。

你需要：盆栽植物、水壶、塑料袋和透明胶带

- 给植物的土壤浇水，并小心地用塑料袋套住栽种植物的盆体；
- 将植物放置在日光下1小时，植物蒸腾出的水分会在塑料袋的袋壁凝结。

3秒钟总结

雨林的年降水量至少有2 000毫米。

水分在雨林的空气、树木与河流间循环

生物多样性

30秒大揭秘

生物多样性是指生物种类的多少，也就是居住在我们这个星球上的生物种类的多少。热带森林的面积不足地球表面积的6%，却是地球上生物多样性最丰富的栖息地之一。就陆地而言，其他所有栖息地的生物种类数加到一起，也没有热带森林多。

雨林温暖潮湿的气候为各种生物的兴旺提供了温床。地球上约有25万种植物，其中的三分之二可以在热带森林中找到。在亚马孙雨林中，科学家在一片不过1万平方米的空间内竟然发现了480种不同的树木。同样的面积内，多数温带森林也就只有几十种树木。整个美国和加拿大加在一起，树木的种类也才700多种。

昆虫是种类最丰富的生物。雨林里的昆虫多样性更是让人目不暇接。就拿亚马孙雨林的一部分——玛努国家公园来说吧，光是蝴蝶就有1 300多种！而比玛努国家公园大600多倍的欧洲，蝴蝶种类加起来才570种。亚马孙雨林中一片不起眼的灌木丛里生活的蚂蚁，种类可能比整个英伦三岛的蚂蚁种类数目还要多。地球上三分之一的鸟类，也栖息在雨林里。

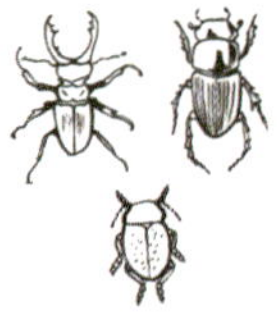

3秒钟总结

雨林是世界上生物多样性最丰富的栖息地之一，动植物种类极多。

小知识

亚马孙的新物种

每年，人们都能在茂密的雨林里发现新的物种。从2010年到2013年，科学家们就在亚马孙发现了超过440种新物种——包括鱼类、蛙类、蜥蜴、蛇类和啮齿动物，还有一种叫起来像猫的猴子。还有上千种新的生命等待人们去发现。

全欧洲：面积超过1 000万平方千米，
有570种蝴蝶

=10种蝴蝶

雨林拥有地球上至少一半的物种

从寒带到赤道，生物多样性逐渐递增

生物品种更丰富

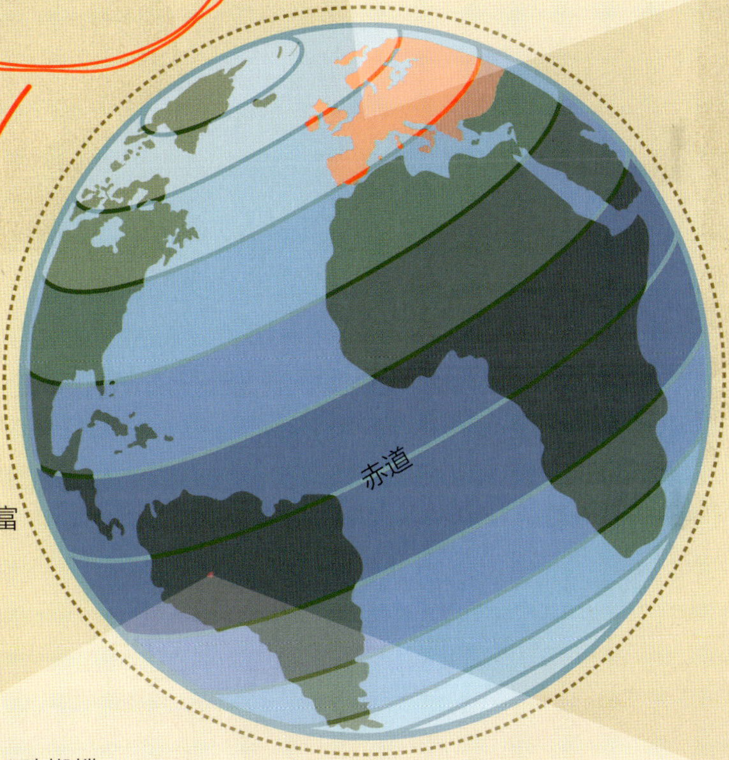

=10种蝴蝶

秘鲁玛努国家公园：面积约1.7万平方千米，
有1 300种蝴蝶

植物如何生长

30秒大揭秘

热带雨林里的植物生长起来和其他地方没多大不同——只是快得多而已！想想花园里的植物在夏天长得有多快，那只是一个季节而已，热带雨林里的植物可是终年如此生长的！早期的热带雨林的探险者们常觉得不可思议：刚刚清理出来的道路，没多久又被植物覆盖了。

植物不像动物那样可以随意移动，它们靠什么生长呢？答案是，利用太阳能自己制造食物，这一过程被称为光合作用。

植物的绿叶就好像一片微型太阳能光伏板。绿叶捕捉阳光，以空气中的二氧化碳，还有从土壤里吸收的水分和营养物质为原料，制造葡萄糖等糖类物质，供植物生长。这一过程的副产物相当重要——氧气，可供动物呼吸。

在土壤养分比较缺乏的雨林里，比如说东南亚的某些地方，生长着捕食植物。它们通过猎食昆虫补充自身的养分。它们的叶片就像一盏带着小盖的茶杯，杯的内壁十分滑腻。一旦昆虫滑入，植物就开始分泌消化液，将昆虫的身体分解，转化为植物需要的养分。

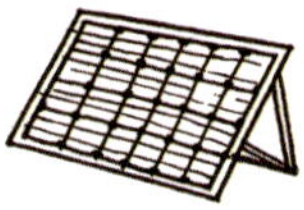

3秒钟总结

植物通过光合作用生长。

3分钟任务

光合作用

看看植物如何在光合作用的过程中释放氧气。

你需要：植物、剪刀和一杯清水

- 从植株上剪下一片绿叶，让它漂浮在杯中的水面上。
- 将水杯放置在阳光下1小时，你会观察到叶片边缘和杯壁有小气泡生成——这就是氧气。

植物通过光合作用，自己丰衣足食

植物如何繁殖

30秒大揭秘

雨林里的多数植物通过种子繁殖。但首先，它们的花需要授粉——接收来自另一植株的花粉。

雨林里的多数植物需要动物来帮助它们把花粉在不同的花朵之间传递，蜜蜂、鸟类、蝙蝠都可以完成这一任务。当动物吸食植物花蜜时，花粉就会附着在动物身上；动物吸食下一朵花的花蜜时，花粉就会脱落。这样，授粉和制造种子的工作，就在第二朵花上开始了。

种子成熟后，有的植物也依赖动物把种子散播开来。很多植物的种子都藏在香甜的果实或浆果中。例如在猴子吃了水果之后，种子被排泄出来，埋在森林另一处的土壤里。有些成熟的种子可以随风飘散，有的则可以顺流而下，流向远方。

种子发芽需要光照和温度。热带雨林终年温暖，温度不是问题；可在暗无天日的密林下，光照显得异常珍贵。通常，当一棵大树倒下，没有了树叶的遮挡，它周边的种子更容易生长。

3秒钟总结

绝大多数植物通过种子繁殖。

3分钟任务

观察种子

你需要：植物种子和放大镜

你家里的植物和雨林里的植物一样，也通过风、水流或动物来传播种子。蒲公英和枫树的种子就长满了易于随风飘散的小绒毛。起绒草的种子上长满了小钩，很容易附着在衣物或动物的毛皮上。用放大镜看看这些种子——你能通过观察判断它们的传播方式吗？

植物制造种子，生长成新的植株

雨林的空间分层

为什么说雨林看起来像一座高层公寓呢？因为里面的动物和人类一样，住在不同的高度（楼层）里。科学家们把雨林的空间从上到下分了四层。最上层是由那些最高大树木的顶层树叶组成的；往下是茂密的树冠层；再往下是阴暗的林木下层；最底层是枯枝落叶层。本章我们将带您来到亚马孙，一起来看看这些不同的森林层次。

林木上层

30秒大揭秘

雨林中很多树木能长到50米高，能长到70米的热带巨无霸也并不少见。这些树木常被称为挺水植物，它们形成了雨林的林木上层。

林木上层的环境是雨林中最恶劣的。这些树木必须经历风吹日晒、电闪雷鸣、暴雨侵袭。顶楼真的很可怕！

尽管如此，这里仍然居住着不少动植物。藤蔓植物沿着大树的枝干向上生长，当然，它们并不从这些大树上偷取养分，只是背靠大树求得安稳。很多兰属植物都是藤蔓植物，凤梨科的植物也是，它们的叶片可以承接雨水，就像一个个小杯子。

林木上层是亚马孙雨林中的顶级捕食者——美洲角雕的地盘。美洲角雕身长可达1米，是世界上体形最大的鸟类捕食者之一。它们目光如炬，站在林木上层，通常可以轻易发现躲藏在下面树冠层里的猎物——比如说猴子。

3分钟任务

估测树高

你需要：卷尺

叫上一位朋友，一起试试测量树高的办法。先站在离大树一段距离的地方，伸出手臂，拇指向上，做出“点赞”的姿势，调整你的位置和姿势，让视野里的拇指指尖和树顶齐平，拳头底部和地平线齐平。现在把拳头调转90度（比方说，让拇指指向右边而非上面），让你的朋友走到他和你拇指指尖在视野里重合的位置，再量量你的朋友和你的距离——这个距离和你想测量的树的高度是基本一样的。

3秒钟总结

挺水植物构成雨林的林木上层。

林木上层是雨林中的顶层

树冠层

30秒大揭秘

雨林树木在空中肆意伸展树枝、茎叶，形成了茂密的树冠层。往下的树木层非常阴暗，因为树冠层截留了大部分的阳光和水汽。树冠层厚7～10米，离地面大约30米高。

相比林木上层，树冠层的环境要好多了，但还是免不了高温蒸烤和暴雨侵袭。茂密的树叶层层叠叠，像一把巨大的雨伞，雨滴有时候要花10分钟才能真正到达雨林的地面。

树冠层里的素食种类十分丰富，大大小小的动物总能找到自己心仪的美食：叶、茎、花、果、种子应有尽有。也因此，树冠层总是挤满了各种动物，猴子、松鼠、鸟类、蜥蜴、蛇类，还有数不清的吵闹的昆虫。

雨林里很多动物一辈子都在树冠层里度过，几乎从不下地。多年以来，科学家们根本不了解它们的生活——因为根本爬不上树。现在，有了攀岩绳索、空中吊桥、吊车，甚至热气球，科学家们终于可以一探究竟了。

3秒钟总结

厚实而多叶的树冠层里生存着大量动植物。

3分钟任务

观察树冠层

你需要：一个秒表

温带树木也通过展枝开叶形成自己的树冠层。站在树下看看，能透过叶片看到天空吗？下雨时站在树下数数，雨滴要多久才能穿过树叶浸湿地面？

雨林中绝大多数动物都生活在树冠层里，靠植物的果实、叶子和花维生
金刚鹦鹉的翅膀很短，因而它们在林木间穿行没那么难
蜘蛛猴的长尾使其在树枝间也能保持平衡
犀鸟在树间跳上跳下
绿树蚺在夜间捕食
树冠层层高10米
借着充足的阳光和水分，植物的叶、果和花在树冠层生长旺盛
蓝闪蝶是世界上最大的蝴蝶之一，翼展可达20厘米

林木下层

30秒大揭秘

林木下层阴暗又茂密，上层的层层叶片过滤掉了大量阳光和水汽。除了一些棕榈树下部的树叶和小树幼苗之外，这里几乎看不到什么绿叶。高大粗壮的树干像教堂的立柱一样耸入云霄。

摇曳的气生根从高处缓缓垂下，粗糙的藤蔓植物环绕着树干向上努力生长。这些纵横交错的茎干给上蹿下跳的猴子们提供了绝佳支持。

树懒也居住在林木下层。它们行动缓慢，每分钟移动不过两米——试试看，真的非常慢！树懒的植物性食物养分含量不高，所以它们几乎成天都要睡大觉，来减少能量消耗。树懒确实太懒了，以至于藻类植物能在它们的毛发里安家。

林木下层也生长着一种杀手植物——绞杀榕。绞杀榕其实是一种附生植物，鸟类或猴子将它们的种子遗落在大树周边，绞杀榕随即生长出修长缠绕的气生根，紧紧包裹住宿主植物，侵入其根系以偷取养分。慢慢地，宿主植物油尽灯枯，腐烂脱落，留下绞杀榕空空如也的躯干，就像一个空箱子孤独地立在雨林中。

3分钟任务

测量树木的周长

你需要：一个卷尺

试试和朋友一起测量树木的周长。测量的高度通常选取在离地面1.4米左右，让你的朋友拿住卷尺的一端放在合适的高度上，保持这一高度让卷尺绕树木一周，直到闭合成环。通过这一方法量一下你家附近一些树木的周长——雨林中有些树木的周长能达到15米！

3秒钟总结

树冠层下面的林木下层相当阴暗。

阴暗又茂密的林木下层
仍然居住着不少生物
金狮面狨在树枝间移动觅食
绞杀榕将植物的根系缠绕包裹
树懒一生中的大多数时光在树上度过
美洲豹潜伏在林木下层，随时准备伏击猎物
红眼树蛙生活在凤梨科植物叶片所形成的杯状小空间里

枯枝落叶层

30秒大揭秘

雨林的地底层相当昏暗，有的时候出奇地干燥，这是因为能透过上面几层的阳光和雨水实在是太少了。倒下的大树则会带来一片开阔的空间，让阳光透过。微气候的改变，让新的植物能够在光照更多、更温暖的地方生长，这些植物常被称作先锋植物。

你会不会觉得雨林的土壤都非常肥沃富足？实际上，因为植物吸收养分的能力太强，雨林的土壤通常相当贫瘠。所以，雨林中的绝大部分养分都集中在植物里而非土壤中。因此，如果一片雨林被砍伐掉，那块土地将很快变成不毛之地。

人在雨林中几乎不可能沿直线行进，你必须要随时避开放射状的树根。这些支撑根非常硬实，才能支撑起树木的重量。

雨林地面覆盖着一层地毯般的厚厚腐叶，就像一片微型雨林。腐叶层充斥着各种爬虫：蠕虫、鼻涕虫、昆虫、蜈蚣，还有各类多毛的巨型蜘蛛。大型哺乳动物也在枯枝落叶层生活，鹿、貘、食蚁兽在腐叶间搜寻食物。

3秒钟总结

枯枝落叶层相当阴暗，土壤贫瘠，小型动物和哺乳动物居住在这里。

3分钟任务

植物调查

你需要：卷尺、绳子和四根帐篷桩

科学家们通过测量1平方米之内的生物种类来研究枯枝落叶层的情况，试试看，用帐篷桩、绳子和卷尺在草地或林木中圈出一片1平方米的地块，数数有多少种植物。你能通过查询植物手册，或者搜罗网上信息，叫出这些植物的名字吗？

雨林中一些大型动物居住在枯枝落叶层
巨型支撑根支撑着树木的躯干
貘
无尾刺豚鼠
刺豚鼠
先锋植物在阳光充沛的林间空地生长
一只食蚁兽每天可以吞下3.5万只蚂蚁和白蚁
只有2%的阳光能够到达枯枝落叶层
腐叶和节肢动物如影随形

野生动物

雨林里动物的种类非常多，其中绝大多数是节肢动物，但也不乏爬行动物、鸟类、两栖动物和哺乳动物的身影。雨林中的一棵大树就足以为百余种生物搭建生活空间。但雨林绝非温柔乡，各种生物必须争抢食物资源，还要谨防天敌的猎杀，各种生物都因此进化出了一套适应复杂环境的生存策略。本章将通过雨林内动物世界的几个小花絮，一窥雨林中动物生活的面貌。

一张生物网

30秒大揭秘

雨林中的植物、动物和真菌被一张无形的大网联系在一起。标示不同生物间捕食关系的图被称为食物链。雨林中某个区域的数千条食物链相互连接，形成一张食物网。

植物是雨林食物链的基础，它们通过光合作用自给自足，因此被称为生产者。以植物（花、果、叶、汁）为食的动物被称为食草动物，是初级消费者。初级消费者的个体有大有小，小到蚜虫，大到大象。

以植物为食的动物被食肉动物捕食，这些食肉动物是次级消费者。次级消费者的大小也千差万别，从蜈蚣到老虎不一而足。像黑猩猩一样荤素皆吃的动物被称作杂食动物，生活在雨林的原住民，自然也是杂食性的。

一些归类为分解者的生物在雨林的食物网中起着重要的作用。动植物的尸体被甲壳虫、真菌和微生物分解利用，无法分解利用的部分逐渐腐烂并回归大地，为植物提供营养，如此循环，生生不息。

3分钟任务

食物网小测验

下面列举了亚马孙雨林中的一些动植物，试试用箭头将它们连接成一张食物网。画箭头的时候，要注意箭头所指的生物是捕食者。

美洲豹　　食蚁兽　　蜘蛛猴

蚂蚁　　毛毛虫

树叶　　水果

（答案在78页）

3秒钟总结

雨林中的生物形成一张巨大的食物网。

下图展示了非洲雨林中
食物网的一部分

生产者

植物通过光合作用养活自己，所需养分来自土壤

初级消费者

像霍加狓一样以植物为生的食草动物

分解者

动植物死去之后，尸体为真菌和甲壳虫所食，剩下的部分腐烂，回归泥土

次级消费者

猎豹捕食霍加狓，属于食肉动物

雨林之夜

30秒大揭秘

生活在雨林里的动物可以分成两组：一组在白天活动，另一组则是夜猫子，它们分别被称作昼行动物和夜行动物。夜间出来活动的好处有二，一是争抢食物的对手少了，二是天敌——捕食动物少了。当然，夜间活动的致命猎手也不在少数！

人类和近亲黑猩猩一样属于昼行动物。在完全的黑暗中，寻找食物是非常困难的。但是，夜行动物拥有能让它们在夜间轻易猎食的身体构造。

生活在东南亚的一种眼镜猴眼睛特别大，每只眼睛的体积和重量和它的大脑同等规模！有这样的大眼睛，在夜间看清物体也不是难事。像老虎这样的猫科动物在光线不是很暗的时候视力也很不错，别忘了它们还有非常灵敏的听觉和嗅觉。穿山甲则能在黑暗中嗅到数百米外的白蚁巢穴。飞蛾利用它们羽毛状的触角来探测花蜜和异性的位置，利用这一技巧，雄性飞蛾在11千米外也能发现异性。

蝙蝠通过发声来定位和捕食。咔嗒咔嗒的声波碰到昆虫之后反射回来，蝙蝠根据回声的时间来判断昆虫的位置，这种技巧被称为回声定位。

3秒钟总结

雨林中有很多惯于在夜间活动的动物，它们各显神通以适应夜晚的环境。

3分钟任务

嗅觉追踪

你需要：半块洋葱和毛线球

和朋友来一起试试你的嗅觉怎么样？能和老虎这样的动物比比嗅觉追踪吗？在一片公园或者花园里，把洋葱揉碎并涂抹在五个间距1.5～3米之间的物体上，石头、小罐、树干，什么都可以。在这些物体周围系上毛线做记号，看看你的朋友能不能找出这些记号。

夜行动物依靠各种感官能力在黑暗中捕猎迁徙

眼镜猴硕大的双眼是其极佳视力的保证

菊头蝠通过回声定位狩猎。咔嗒咔嗒的声波碰到昆虫之后反射回来，蝙蝠根据回声的时间来判断昆虫的位置

飞蛾利用自身的触角来感知食物和潜在配偶的位置

穿山甲通过嗅觉找到昆虫的巢穴，再用锋利的爪子将其撕开，享受美味

攀爬与滑翔

30秒大揭秘

雨林里的多数动物居住在高高的树冠层里。鸟类、蝙蝠、昆虫这些天生的飞行高手就不说了，但那些也居住在这里的蛇类、爬行类、蜘蛛、蛙类甚至哺乳动物又怎么移动呢？如果直接跳上跳下，可是会有生命危险的。

常年居住在树上的蜥蜴、蛇类、猿类和猴子都是攀爬高手。蜥蜴的一种——壁虎，有着特别的脚趾，非常宽大而且布满皱褶，可以像小吸盘一样牢牢抓紧树干。在中美洲和南美洲，吼猴和蜘蛛猴的尾巴抓握能力非常强，它们在树木间爬来爬去的时候，缠绕在树枝上的尾巴能提供重要的辅助。生活在亚洲和非洲森林里的长臂猿和猩猩等猿类的尾巴也很长，但它们主要还是凭借长臂抓握枝条，在树木间摇荡着前进，移动速度可达每小时50千米！这种移动方式被称作臂行。

在东南亚的丛林中生活着会飞的蛇、蜥蜴，甚至青蛙——当然它们并非真的会飞。这些动物的身体两侧或者脚趾之间的部分皮肤松弛而平滑，在空中张开的时候就像一把降落伞。亚马孙雨林中的滑翔动物比较少，是因为亚马孙雨林里树木更加茂盛，可供滑翔的空间较小。

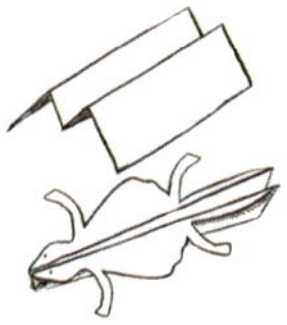

3分钟任务

蜥蜴飞镖折纸

你需要：一张A4纸、剪刀、小夹子和笔

将A4纸沿长边对折。然后在两边距离折痕3厘米左右的地方再分别沿长边折一次（保持折痕和中间对折的折痕相反的方向）。这样一个很简单的纸飞镖就做好了。把它剪裁成一只蜥蜴的形状，画上蜥蜴的头部，用小夹子稳定住头部——现在来试试，看它能飞多远。

3秒钟总结

生活在树冠层里的动物通过攀爬、飞行或者滑翔在林间穿梭。

雨林中的各种动物充分发挥聪明才智，
用尽各种办法在树顶间穿梭

通过张开身体两侧松弛而平滑的皮肤，飞蜥能滑翔30米

金花蛇粗糙的鳞片有助于其在树木间攀爬

在空中飞行时，其肋部张开，扩大身体表面积，移动路径就像波浪一样

壁虎的脚趾宽大且布满皱褶，可以像小吸盘一样牢牢抓紧树干

壁虎的脚趾上布满了细细的刚毛

致命杀手

30秒大揭秘

雨林中的动物种类比其他任何栖息地都要多，其中不乏极其危险的杀手！哪怕是小小的昆虫、青蛙和蜘蛛，也可能拥有致命武器——一次叮咬足以致命。

大型猫科动物是雨林中的顶级捕食者。老虎生活在亚洲的丛林里，美洲豹则是中南美雨林的主人。它们通常潜伏在鹿、貘等猎物周边，等待突然袭击的机会。它们身上的斑点和条纹与周围环境的颜色融为一体，难以被察觉。一旦进入捕猎范围，大猫就一跃而起，奋力撕咬猎物的咽喉，通常可以一击致命。在原住民的语言中，“美洲豹”的含义就是“一跃必杀的动物”。

亚马孙丛林中的凯门鳄可以长到5米长。它们常常把大半个身子都泡在河岸边的水里，只露出眼睛。当鹿群在河边俯身饮水时，凯门鳄就用其长满长牙的下颚紧咬住猎物，将其拖入水中溺毙，然后慢慢享用大餐。

可别小看了一些剧毒的小昆虫。巴西游走蛛是世界上毒性最强的蜘蛛之一。好斗的巴西大蜈蚣则会向其猎物注射使猎物瘫痪的毒药。当然，并非所有的致命杀手都是捕食者，例如金毒箭蛙，其皮肤的毒性极高。它闪闪发光的色泽也在警告潜在的天敌——离我远点，否则后果自负。

3秒钟总结

雨林中居住着体形庞大、孔武有力的捕食者，也有小而剧毒的生物。

小知识

剧毒蛇类

雨林中居住着世界上最剧毒的一些蛇，枪头洞蛇就是亚马孙雨林中最可怕的蛇类。顾名思义，枪头洞蛇的攻击速度快如闪电。在东南亚生长的眼镜王蛇准备攻击时常常竖立起上半身，展开颈部，威慑对方。攻击时，眼镜王蛇常瞄准猎物的眼睛，使其快速失明。

雨林中生活着许多大大小小的致命杀手

大型猫科动物位居食物链顶端

凯门鳄主食鱼、乌龟和鸟类，但也可以攻击鹿和水豚这样的陆生动物

有些致命杀手小而剧毒

巴西游走蛛是世界上毒性最强的蜘蛛之一

一只金毒箭蛙皮肤内所含的毒素足以杀死10个人

眼镜王蛇一次攻击可以使人在30分钟内毙命

伪装者

30秒大揭秘

雨林里真可谓是危机四伏。面对捕食者，有些生物选择走为上策，还有的得要点花招。有的生物的体表颜色或者斑点和环境浑然一体，出色的伪装让近在眼前扫荡的捕食者都留意不到！一种叫紫羚的非洲羚羊体表的条纹就是个很好的例证。扁扁的纺织娘在树冠层里生活，它们的颜色和形状模仿树叶，可谓惟妙惟肖。有些昆虫黏在树枝上的时候，简直和小树枝没什么区别。

有些捕食者也是伪装大师。生活在东南亚的兰花螳螂是个伏击高手，躲在花丛里时，其从形状到颜色完全和花丛融为一体，以此静候猎物上钩。唯一在动的可能就是眼睛——瞄准猎物小虫，用前肢完成闪电战，再整个生吞下去。

有些生物的逃生技巧很是高明。有些蛇和蛙类根本无毒无害，也在外观上拥有毒蛇（毒蛙）所特有的明亮颜色。有些蝴蝶的翅膀上长着眼睛一样的斑点。这些伪装足够让捕食者怀疑“兽”生——哪怕只是一瞬间，也足够这些伪装者溜之大吉了。

3秒钟总结

雨林里的动物通过伪装来躲避危险或者捕食猎物。

3分钟任务

学习动物的伪装

在公园或者花园里来追踪伪装动物。仔细看看叶面上的昆虫。轻轻翻动叶面来看看藏在叶片背后的小虫。在石缝里找找鼻涕虫、蜗牛、土鳖等等。想想看，这些生物的颜色和斑点是怎样让它们和环境融为一体的？哪种动物的哪样伪装最让你叹服？

动物们通过伪装来隐藏自己——有的为了捕食，有的为了避免自己被捕食
猫头鹰蝶通过模仿猫头鹰眼睛的形状来吓退捕食者
乍一看，亚马孙角蛙就像地面上的枯枝败叶
非洲紫羚的竖状条纹使其在林木间很难被发现
兰花螳螂躲在花丛中，等着猎物上门

节肢动物

30秒大揭秘

节肢动物在雨林里无处不在，其数量远远超过其他任何生物。雨林温暖潮湿的环境对这些需要太阳的热量来保持活力的冷血动物来说，再合适不过了。

多数节肢动物都是昆虫，75%的动物种类都是这些长着6只脚的生物！光是亚马孙雨林内的昆虫种类可能就高达250万种，而人类已经辨识出来的只有一小部分。雨林里，到处都是甲壳虫、苍蝇、臭虫、蚂蚁、蟋蟀、蜜蜂和蝴蝶。

世界上最大的昆虫就生活在雨林里。亚马孙食鸟蛛的大小和一张餐盘差不多大，其螯角长达2厘米！这种巨大的长毛蜘蛛捕食蛙类、蜥蜴、啮齿类和其他昆虫。

多数昆虫离群索居，蚂蚁、白蚁、黄蜂和蜜蜂却是例外。它们的一个巢穴里面可以居住上百万个个体，它们分工合作，保持巢穴的正常状态。兵蚁在森林里形成一道令人望而生畏的洪流，沿途吞噬一切，甚至来不及逃走的狗和羊，都会被它们一扫而光。

3秒钟总结

雨林中满是各种节肢动物，其中多数是昆虫和蜘蛛。

3分钟任务

小型动物调查

你需要：一张浅色方格纸和放大镜（非必须）

将一张浅色方格纸展开在灌木丛下或树枝下，轻轻摇动树枝或灌木，让节肢动物掉落在纸上。你能找到多少种生物？数数它们有多少只脚或许是个简单的办法。蜘蛛一般是8只，昆虫是6只，而蜈蚣一般是每节身体一对脚，千足虫则是两对。

雨林中的多数动物都是节肢动物
蝴蝶的翅膀布满了小型的鳞片，这些鳞片反射阳光，看起来五颜六色
大队切叶蚁将叶片切碎，搬回它们位于地下的巢穴内
独角仙能举起超过自身重量850倍的物体
食鸟蛛大多捕食比自己小的节肢动物
兵蚁在雨林里的死亡行军可以吞噬沿途的一切

水生生物

30秒大揭秘

雨林里几乎天天都下雨。充足的雨水灌满了大大小小的溪流池塘，最终汇成大江大河。尤其在雨季，河水上涨，淹没大片森林。这些水生环境里，各种生物各有一番天地。

南美洲的河流里居住着巨骨舌鱼，它是世界上最大的淡水鱼，可以长到2.5米长，100千克重，以其他鱼类和甲壳类动物为食。粉色的亚马孙河豚也生活在浑浊的河水里，它们的视力很差，捕猎全靠和蝙蝠一样的回声定位。丛林里最可怕的生物之一是食人鱼，它们的牙齿就像刀锋一样锐利，一群食人鱼几分钟就能把猎物吃得只剩骨架。

滨海红树林沼泽的生物能忍耐高盐度的环境。弹涂鱼在岸上和在水里生活得一样自在，退潮时它们在泥滩里跳来跳去，把前鳍作为支撑物，不停地翻动身体。招潮蟹在退潮时也纷纷露头，公蟹挥舞着大钳子——两只钳子中更大的那只——来吸引异性，驱赶其他公蟹。

3秒钟总结

雨林里的河流和红树林里生活着很多鱼类和甲壳类动物。

小知识

水上漫步

蛇怪蜥蜴在中南美洲雨林中的河流里生活。如果受到惊吓，这种小动物会做出惊人之举——在水上漫步！这种蜥蜴个头不小，头上有冠，脚和脚趾又长又宽，宽大的脚部把身体的重量平摊下去，使它们能浮在水上，也能在水面上快跑。在这一过程中，它们用尾巴来保持平衡。

雨林中的河流里，还有海岸边，生物种类都很繁盛

红树林沼泽岸边退潮时，各种动物纷纷冒头

公招潮蟹的一只钳子明显比另一只大得多

弹涂鱼离开水也能活，甚至能在陆上移动

蛇怪蜥蜴的脚趾呈伸展状，借此可以在水上“行走”

亚马孙河河面上下都有许多生命

食人鱼鱼群对它们的猎物从来都是生吞活剥

巨骨舌鱼一般在靠近水面的地方生活，方便呼吸和狩猎

世界各地的雨林

横跨赤道的大洲——亚洲、大洋洲、中南美洲和非洲——都分布有潮湿炎热的热带雨林；温带雨林则生长在较凉爽的赤道两侧。每一块雨林的具体条件都和其他区域有些许的不同，也因此孕育了独特的动植物。在这一章里，就让我们一起来巡游世界各地的雨林，看看它们究竟因何而与众不同。

亚马孙雨林

30秒大揭秘

亚马孙雨林是目前全世界最大的雨林。在这片面积约550万平方千米（相当于不包含阿拉斯加的美国国土面积）的土地上生长着多达3 900亿棵树木。亚马孙雨林分布在亚马孙河流域内，流域面积占到整个南美大陆的一半。流域内多数土地属于巴西，也有部分属于秘鲁、圭亚那、哥伦比亚这些周边国家。

有如此庞大的面积和体量，也难怪亚马孙雨林内的生物多样性远超世界上其他任何栖息地。科学家估计全世界约五分之一的植物和鸟类，还有约十分之一的哺乳动物，都生活在亚马孙雨林内。至于昆虫种类，大约有数百万种，而蛙类、鱼类和爬行类更是不可胜数了。

亚马孙雨林里也诞生了不少生物界的世界纪录——尤其在求“大”这一方面。长达1.8米的巨獭和世界上最大的啮齿动物——水豚（可以长到60厘米长）一起生活在河边。水中则生长着王莲这一庞然大物，其浮水叶片直径可达3米，能轻松载起一只猴子。

3秒钟总结

庞大的亚马孙雨林里孕育了种类繁多的生物。

小知识

最大的蛇类

蟒蛇是世界上最大最重的蛇类，这种巨型爬行动物能长到6米长，200千克重，它们甚至可以整个吞下一只水豚！蟒蛇多数时间在水里潜伏，几乎完全沉在水里，静候猎物出现。蟒蛇没有毒牙，捕食时紧紧缠绕猎物，直到猎物窒息或被淹死。

亚马孙雨林是全世界最大的雨林

橡胶树是亚马孙的本地物种，橡胶由乳状的胶乳提炼而来

玻璃蛙是亚马孙雨林孕育的一种奇特生物，其身体透明，你可以清楚地窥见其内脏

亚马孙雨林各处都有水豚出没，其体重可达90千克

居住在厄瓜多尔境内的瓦拉尼人是亚马孙雨林内的众多原始部落之一

中美洲雨林

30秒大揭秘

连接南北美洲的狭长陆桥上分布着大片的雨林，北边的加勒比海岛上也有茂密的雨林分布。这片区域多数地带险峻多山，海拔1 000米以上的地带分布着云雾森林，红树林沼泽分布在海岸边。

中美洲雨林以其丰富的鸟类而闻名。红的、黄的、蓝的……各色鸟群遮天蔽日，鸣叫声震耳欲聋，雪白纤弱的朱鹭踩着高跷般的长腿涉水而过。

绿咬鹃的尾巴是鸟类中最长的。雄鸟的翡翠色长尾可长到60厘米，是其身体长度的3倍。生活在古巴的蜂鸟体长仅5厘米，是世界上最小的鸟类。它们用以孵蛋的巢穴更是只有针箍那么大。

鸟类可不是唯一有翅膀的生物，中美洲雨林里也生长着一种令人不寒而栗的吸血蝙蝠，吸食对象有牛、马，甚至人类——可谓无所不吸。在夜幕的掩护下，这些蝙蝠爬近熟睡中的受害者，用异常尖锐的牙齿刺穿皮肤，吸吮血液。这种蝙蝠唾液里的一种特殊物质能防止血液凝固。

3秒钟总结

中美洲雨林以其多种多样的鸟类和猴子闻名。

小知识

吼猴

每当黎明和日落时分，森林中就会久久环绕着此起彼伏的吼叫声。这些声音来自吼猴，世界上最吵的陆生动物。雄性吼猴的声带非常发达，其叫声足以传到5千米开外，淹没其他一切声响——这在雨林中，是很长的一段距离了。

雨林覆盖了中美洲的大半土地，
在加勒比群岛也有分布

吼猴是美洲雨林里
最大的猴类之一

美丽的绿咬鹃是
危地马拉的国鸟

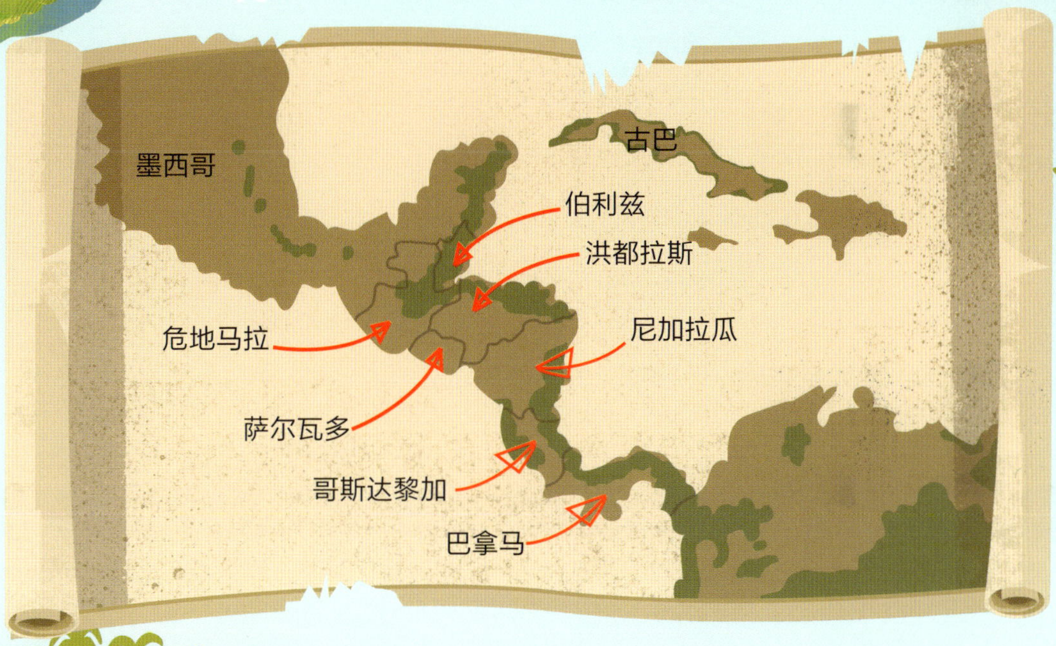

玛雅人和阿兹特克人用土
生土长的人心果汁液制成
了世界上最早的口香糖

居住在古巴的蜂鸟
体重不足2克

非洲雨林

30秒大揭秘

世界上第二大的雨林分布在非洲。刚果河蜿蜒曲折，茂密的雨林覆盖了整个流域，并伸展到西非海岸。这片区域的土地非常泥泞，遍布湖泊、沼泽。

非洲森林里的猿类和猴类非常有名，其中，黑猩猩是我们人类在动物世界里最近的亲戚。这些聪明的动物懂得利用工具——它们把小树枝戳进白蚁的巢穴来“钓蚁”。黑猩猩的主食是水果和树叶，但它们也会合伙打猎，猎物一般是鹿和猴子。

害羞的霍加狓也潜伏在这片森林中，它们是长颈鹿的远亲，属于有蹄类动物。它们的腿部和臀部长满了条纹，有助于它们融入周边的环境以隐蔽自己。善于伪装的还有加蓬蝮蛇，它们体表的颜色和斑点，跟地表的落叶颜色一模一样。一条加蓬蝮蛇的毒液就足以杀死10个成年人——下脚前一定要当心啊！

世界第四大岛马达加斯加坐落在非洲大陆的东面。岛上雨林里生活着很多特有的动物，比如说一种叫作狐猴的灵长类动物。岛上的狐猴有将近100种，小的就像小矮人一样，大的可以长到60厘米长。

3秒钟总结

非洲刚果盆地的雨林以拥有多种猿类和猴类闻名。

3分钟任务

判断正误

大猩猩生活在非洲中部云雾缭绕的森林里。来看看你有多了解这些温文尔雅的巨人。

判断：1. 成年雄性大猩猩也叫银背大猩猩吗？2. 大猩猩离群索居吗？3. 大猩猩是杂食动物吗？4. 一只成年雄性大猩猩大概有三个人那么重？5. 大猩猩是和人类最亲近的动物吗？

（答案在78页）

世界上第二大的雨林在非洲刚果河流域

巴布提俾格米人是生活在刚果河流域的狩猎–采集部落

马达加斯加出产的紫长春花含有治疗癌症的物质，已经拯救了数千人的生命

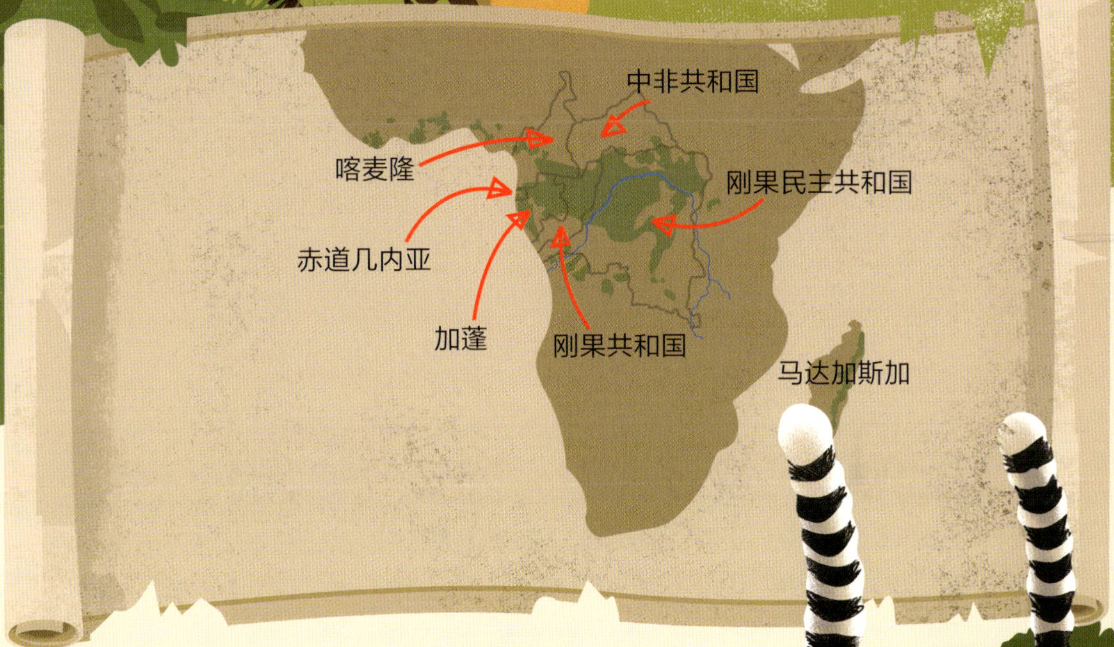

山地大猩猩估计仅存不到1 000只，它们生活在刚果河流域

只有马达加斯加才有狐猴

亚洲雨林

30秒大揭秘

英文中“丛林”这个词来自印度语，原意是“密不透风的森林”。今天的印度仍然有成块状分布的雨林，但亚洲的雨林主要分布在东南亚，分布在从马来西亚本土到加里曼丹岛的岛弧间。

东南亚森林中生长的龙脑香科树木以高大闻名，它们可以长到80米高。东南亚也是大王花的故乡，这种世界上最大的花直径可达1米，散发着腐肉的臭味——以此来吸引昆虫传粉！大王花还有个名字叫腐尸花，听着这名字就闻到那味道了！

亚洲的雨林里还生活着一些世界上最濒危的动物。长满毛发的苏门答腊猩猩生活在婆罗洲和苏门答腊岛，现存不到1.5万只，在一种当地语言中，它们名字的原意是“林中老人”。

孟加拉虎潜伏在印度、孟加拉国滨海的孙德尔本斯地带。这片面积约1万平方千米的沼泽地是世界上最大的红树林沼泽。孟加拉虎会游泳，这样它们能够在不同的岛屿间往返，捕食斑点鹿和野猪。

3秒钟总结

亚洲雨林里居住着很多珍稀动物和相当高的树木。

小知识

新与奇

1992年，人们在越南发现了一种头长尖角的羚羊——中南大羚，也是数十年来人们在这一区域新发现的第一种大型哺乳动物。上一次在东南亚发现的大型哺乳动物，还是1937年发现的柬埔寨野牛。如果说世界上还有什么大型哺乳动物没被人类科学家发现的话，它们一定是生活在这片人迹罕至的丛林里。可惜的是，中南大羚已经被列为“极度濒危”，科学家多认为柬埔寨野牛已经灭绝了。

亚洲雨林主要分布在东南亚的岛屿上

犀鸟拥有色泽明亮、弯曲的大喙，且因此而闻名

苏门答腊猩猩生活在苏门答腊岛和婆罗洲，主要以水果、昆虫和树叶为食

分布国家：

孟加拉国
印度
缅甸
泰国
老挝
柬埔寨
越南
马来西亚
印度尼西亚
菲律宾

臭烘烘的大王花是世界上最大的花

孟加拉虎小心翼翼地前行在印度孙德尔本斯的红树林中

大洋洲雨林

30秒大揭秘

澳大利亚和其北边巨大的新几内亚岛已经和世界其他大陆分离好几百万年了。这样，很多奇特的生物就有了形成和发展的时间、空间。

树袋鼠生活在澳大利亚东北部和新几内亚岛。强有力的弯曲前肢和长长的尾巴让它们在树顶也能保持身体平衡。但和其他种类的袋鼠不同的是，它们不能在地面上跳跃。所有种类的袋鼠都属于有袋类动物，幼体出生很早，会在妈妈的育儿袋里成长好一段时间。

单孔类动物是世界上唯一一类卵生哺乳动物。单孔类动物种类不多，都生活在澳大利亚和新几内亚岛的森林里。针鼹鼠身上长满针刺，主要以昆虫为食——用黏黏的舌头一舔，就把昆虫吞进肚里了。鸭嘴兽长有羽毛，脚上有蹼，尾巴又挺像河狸，嘴巴却像鸭子——简直是个四不像！当鸭嘴兽来到英国展出时，人们都觉得这哪里是一种动物，明明是把两种动物缝在一起了！鸭嘴兽居住在溪流边，潜水捕食虾类和虫子。

新几内亚岛也拥有多种多样的鸟类。雄性天堂鸟的羽毛色泽亮丽如彩虹，以此吸引雌鸟的注意。

3秒钟总结

大洋洲雨林里的很多动物在世界其他地方都没有分布。

小知识

辛勤的园丁鸟

雄性园丁鸟吸引异性的方式很特别——搭建小亭子！它们叼来小树枝、小草，建起一个巢状的构筑物，再用亮色的羽毛、浆果甚至瓶盖加以装饰。缎蓝园丁鸟更是只选用蓝色建材。谁的小亭子搭得最好，谁就最有可能得到异性的青睐！

澳大利亚和新几内亚的雨林人迹罕至，生活着非常特别的生物和原住民部落

树袋鼠不能跳跃，它们居住在树上

新几内亚岛上的科罗威人把房子建在高高的立柱上，可以高达35米，来防备入侵者

胡利人生活在巴布亚新几内亚。这个国家有850种语言，比世界上其他任何国家都多

像针鼹鼠这样的单孔类动物（孵生的哺乳动物）只分布在澳大利亚和新几内亚岛

温带雨林

30秒大揭秘

温带雨林生长在赤道南北的温带区域。面积最大的温带雨林分布在北美洲的太平洋海岸（西岸），从加拿大一直延伸到加利福尼亚。在南美洲的智利、新西兰，还有澳大利亚的塔斯马尼亚岛上，也都有温带雨林的分布。

曾几何时，世界上几乎每个大洲都有温带雨林的分布，其面积是今天的两倍。但在很多地方，人们砍伐雨林，以获得木材或是耕地，雨林大量减少。

不管从视觉上还是感觉上，温带雨林和热带雨林都大不一样。首先，温带雨林的气候要凉爽很多，一般冬季平均气温在10℃左右，夏季一般在25℃左右，一年四季的季节变化很明显，而在热带雨林里，根本就无所谓四季。热带雨林的树木以阔叶树为主，而温带雨林里的主角是常绿针叶树。但温带雨林和热带雨林有一点相同——雨水真多啊！

尽管温带雨林内的生物种类没有热带雨林里那么多，但树木和野生动物的种类还是很可观的。熊、鹿、金花鼠都居住在北美的温带雨林里。塔斯马尼亚岛上生活着不大常见的有袋目动物（哺乳动物的一种）。新西兰的森林里则有高大笔直的贝壳杉，还有不会飞的几维鸟。

小知识

世界上最高的树

温带雨林里的高大树木非常有名，其中美国加州海岸红木林里的树是最高的，其中亥伯龙树可以长到115米以上，比自由女神像还高了20多米！这是世界上现存最高的树。

3秒钟总结

温带雨林比热带雨林更凉爽，但降水量也很多。

温带雨林分布在赤道的南北两侧

红树林里的树木常常高逾100米，树龄可以超过1 000岁

温带雨林有显著的四季变化，熊和其他一些动物会进行冬眠

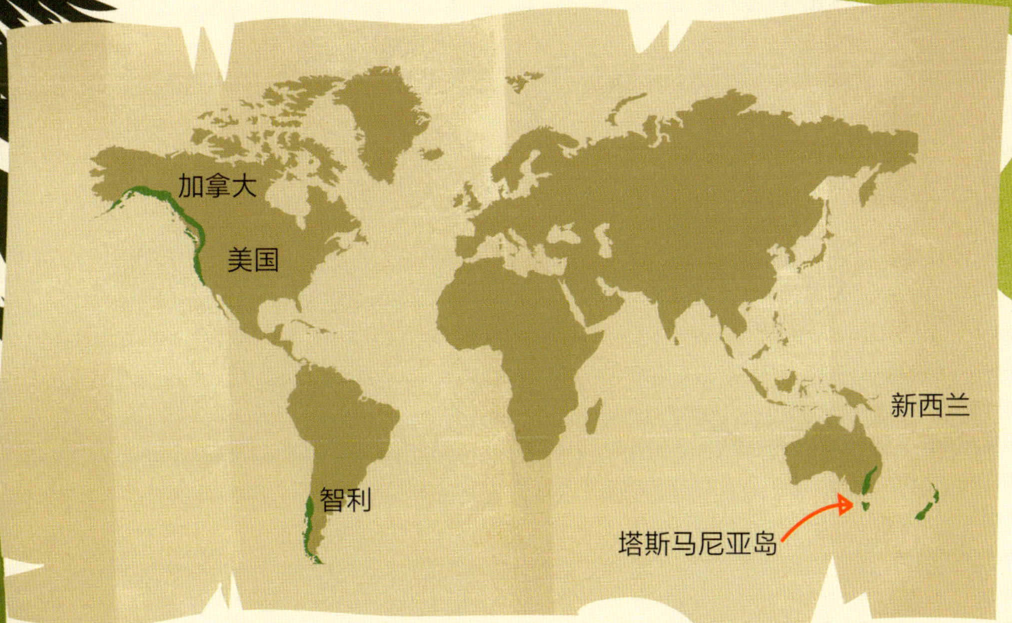

不能飞的几维鸟只分布在新西兰

南美洲最小的猫科动物——南美林猫，身长40～50厘米，生活在智利的温带雨林

人·雨林

金窝银窝，不如自己的狗窝。雨林，就是世界上好几百万人的温馨家园。很多部落已经在雨林里生活了上千年，过去5个世纪内，也有不少新人的加入。人来人往，给雨林带来了不小的改变，而这些改变今天仍在持续。本章就让我们一同探索人类和雨林的关系。

雨林原住民

30秒大揭秘

毒蛇横行、猛兽出没；时而日头猛烈，时而暴雨倾盆——雨林似乎不那么适宜居住。不过几百万的雨林原住民可不那么觉得，它们世世代代生活在雨林里，已经好多个世纪了。

全世界至少有1 000个生活在雨林里的部落。比如说居住在亚马孙雨林里的雅诺玛尼人，生活在刚果的巴布提俾格米人，还有生活在新几内亚岛上的胡利人。科学家们相信，至少还有50个部落仍然生活在雨林深处，尚未与外部世界有任何联系。

每个部落都有自己独特的生活方式，但有一点相同：雨林母亲给予了它们赖以生存的一切——食物、衣衫、居所、工具、武器，甚至能让生活增添些许情趣的小彩蛋，像是舒适的床铺、玩具、宠物、乐器等等。

多数聚居村落都建在交通便利的河边，建筑风格千差万别：有的地方是一个家庭一处房屋，有的地方则是一个大家族同在一个屋檐下生活；有的部落会建造永久性居所，还有的则经常迁徙。森林里的建筑材料遍地都是：筑墙有木材，砌房顶有棕榈叶，后者稍加加工，还可以做成很牢靠的绳子。

3秒钟总结

全世界居住在雨林里的人口有几百万之多。

小知识

失落的文明

我们对雨林里的古代文明几乎一无所知。16世纪时的西班牙探险家奥雷亚纳曾表示在亚马孙河沿岸见到了高度发达的文明，但后来却消失得无影无踪。专家的猜测是，欧洲人带去的疾病毁灭了这一文明。但亚马孙的史前文明还是留下了一些踪迹：人们发现了神秘的“黑土”地带，这些富含木炭和肥料的肥沃土壤，应该是数千年前人类活动的证据。

雅诺玛尼人居住在
亚马孙雨林中
雅诺玛尼人居住的房屋是
公有的，叫作“雅诺斯”
女性在房屋附近的
园圃中栽种庄稼
人们睡在悬在屋椽
间的吊床上
雅诺玛尼人用羽
毛和浆果汁打扮
自己，也会穿洞
人们捕鱼，并将河流作为交通路网

寻找食物

30秒大揭秘

雨林中到处都是吃的，问题是你得知道食物在哪里以及如何找到。有些植物是天生的美食，而有些有剧毒！

雨林里的部落居民们能辨认数百种植物，这些植物在生活中各显神通。有的可以直接食用，或者用作调味料，有的可做药材、染料、香皂，甚至驱虫剂，有的植物可以生产出纤维，加工成衣物、绳子或是编成提篮。

雨林里的肉类资源也很丰富，但要追踪成功、完成捕猎需要十二分的技巧。这些猎物在林中来无影去如风，或在树上出没而难以寻踪。有经验的本土猎手能根据动物的踪迹、排泄物，甚至是动物行进中的沙沙声，来判断动物的种类。他们用吹箭筒和弓箭来对付那些跑得很快的猎物——猪、鹿、猴子。很多林中居民也是捕鱼高手。

有些部落则通过捕猎和采集野生食材（坚果、植物根系、蜂蜜等）为生，有的部落也会开垦田地。他们在雨林中清理出一片空地，种上玉米或是山药一类的庄稼。几年过后，当土壤肥力下降时，他们就迁走，去开垦另一片土地。过不了几年，废弃的农田又会为雨林植被所覆盖。

3秒钟总结

雨林里的人以狩猎、采集野生食材或耕种为生。

3分钟任务

动物大追踪

雨林里的人都是追踪高手，你也来试试吧！在树林或公园里，试着找找在溪流边、泥地上的脚印。把脚印照下来或者画下来，回去上网查查，看能不能辨识出脚印的主人。没吃完的坚果、羽毛、毛发也能给你更多信息。

雨林中有些部落以狩猎和采集为生，有的栽种庄稼

生活在非洲雨林里的巴布提俾格米人以狩猎和采集为生

巴布提俾格米人用弓箭和编织网狩猎

妇女儿童则负责在树间结网，用以捕获猎物

巴布提俾格米人也会搜寻菌类、白蚁和野生蜂蜜

有些雨林部落会在林中清出土地，种植作物

雨林探险家

30秒大揭秘

500年前，最早的探险家们来到雨林里。从此，雨林和林中百姓们的生活发生了永久的改变。

欧洲人最早在16世纪开始探索雨林，为的是得到土地和财富——亚马孙的黄金、亚洲的新物种……原始部落居住了几百年的土地被遥远的英国、荷兰、西班牙、葡萄牙等国瓜分殆尽。港口、矿山、种植园一个个出现了，木材、庄稼、矿产一点点被运走了。数万原住民死于西方人带来的疾病——比方说，小小的流感。

19世纪，科学探险方兴未艾。自然学家洪堡和邦普兰整理了亚马孙雨林里浩如烟海的动植物的资料，达尔文也来到亚马孙腹地考察，华莱士则研究了印尼的野生生物。就是在研究了雨林的生物之后，达尔文和华莱士才总结出了著名的进化论。

19世纪中叶，苏格兰传教士利文斯顿考察了非洲的江河湖泊。在第三次探险中，利文斯顿曾一度失踪，后来，美国记者亨利·斯坦利去找他，1871年两个人终于在东非坦葛尼喀湖湖畔碰上了。斯坦利后来也成了探险家，并绘制了刚果河沿岸的地图。

3秒钟总结

欧洲人对雨林的探索开始于16世纪。

3分钟任务

准备野营！

现在你就是丛林探险队的一员！你需要在花园里搭建起自己的野营基地，别忘了在雨林里，黑夜总是来得比想象中更快！可能的话，把帐篷搭起来，在睡袋下面垫上垫子，清理出一片空地，好避开那些讨厌的不速之客。室外没有空间的话，在自己的卧室里试试——在凳子间挂上帘子模仿帐篷，关灯，然后开始想象！

西方探险家的雨林探索历程已经持续了500多年

16世纪的欧洲人初来乍到，寻求土地与财富。科尔特斯征服了墨西哥

科学探险肇始于19世纪早期，洪堡探索了亚马孙雨林

19世纪，华莱士探索了东南亚雨林

1871年，利文斯顿在非洲探险时一度失踪，后被斯坦利发现

2009年，一队探险家在巴布亚新几内亚的探险中，一次就发现了超过40个新物种，包括一种长得很大但只吃素的鼠类

雨林的价值

30秒大揭秘

雨林离我们很遥远，可是我们的日常生活根本无法离开雨林的馈赠。香蕉、巧克力、糖、橡胶、可乐、口香糖——都来自雨林。

杧果、菠萝、鳄梨这些水果也是雨林制造的，花生、巴西胡桃、姜、肉豆蔻、肉桂也不例外。这些植物原本只生长在某一片特定的区域内，但现在，它们已经在各处热带雨林中的种植园里随处可见了。

2 000多年前的阿兹特克人把一种原产亚马孙的可可豆提炼成了一种辛辣的巧克力饮品。现在，可可树在热带随处可见，没有它就没有我们最爱的巧克力！

雨林就像一家天然大药房，至少四分之一的常见药物提取自热带雨林植物。箭毒是亚马孙部落猎手常用的植物毒素，现在箭毒的功效被充分开发，能助人松弛肌肉，起到手术前麻醉的效果。提取自金鸡纳树的金鸡纳霜（奎宁）曾是医治疟疾的不二法宝。还有很多植物成分在治疗癌症、糖尿病、心脏病等领域发挥作用。尽管如此，人们仅仅发掘了很小一部分雨林植物的药用功能。如果不停止砍伐雨林，有些无名英雄将会被永久埋没。

3秒钟总结

水果、坚果、辣椒、糖、巧克力都是雨林的馈赠。

3分钟任务

来自种植园的植物

我们在超市里买到的很多食物都产自热带雨林种植园。记得下次逛超市的时候看看食物标签，“原产地”信息能告诉你很多——看看地图，哪些食物是产自雨林的呢？

雨林物产真丰富，有食物也有药物

像杧果这样的热带水果，
就生长在雨林里

制造气球所必需的乳胶，原材料就是生长在雨林里的橡胶

大约四分之一的药物成分来自雨林里的植物

可可树的果实是制造巧克力的原料

雨林的未来

雨林的重要性怎么强调都不过分。这倒不仅仅因为雨林是无数动植物和世代居住在雨林里的原住民们赖以生存的家园，更因为雨林对整个地球都有着重要的意义。不幸的是，雨林消失的速度比其他任何栖息地都要快。本章我们会看到，雨林究竟在哪些方面让地球受到它的恩惠，为什么雨林会消失得如此之快，以及人类——每一个你、我、他，能够为保护雨林做点什么。

那些正在消失和已经消失的……

30秒大揭秘

地球上的雨林正在快速消失。200年前，雨林覆盖了地球表面14%的陆地面积；到今天，只剩下不到7%。如果人们继续按这样的速度砍伐雨林，所有剩下的雨林也会在我们的有生之年消失。

偏僻地带的森林砍伐很难被监测到，但专家普遍估计，每年大约有17万平方千米的热带雨林被砍伐，这几乎相当于不包含苏格兰在内的整个英国那么大。就在你花30秒钟阅读本节内容的时候，大约20个足球场那么大的森林又消失了！

人们伐树到底是为了什么呢？一个原因是雨林里生长着很多名贵的硬木木材，比如说柚木和乌木，它们是制作高档家具的好材料。造纸厂和燃料站也是木材的去处。

人们常在森林中砍伐出长长的“空白地带”用于圈养牲畜或是开垦种植园。西方国家的多数牛肉制品来自曾经的雨林地带。赤道周边，种植园替代雨林的故事每天都在上演，只为得到大豆、油椰子、咖啡或糖。当地的农民也在砍伐雨林，只是规模会小一些。

3秒钟总结

热带雨林被砍伐的原因包括：获得木材、获取燃料、拓展畜牧用地、发展农业、采矿等等。

小知识

雨林工业

水电工程和矿山正逐渐吞噬着热带雨林。矿石的开采要砍伐掉大片森林，还会带来污染；为矿山而建的道路更为源源不断的伐木者、开荒者打开了通道。河流常被拦截筑坝用作水电开发，而一旦截流完成，水坝所形成的水库将淹没大片森林。

每年都有更多的雨林从世界上消失

矿山和水坝的建设破坏雨林

被砍伐的树木用于制作家具或纸张，或者当作燃料烧掉

因为土壤贫瘠，农地的肥力通常不会持续太久

砍伐森林有时也是为了圈养牲畜或是开垦种植园

影响

30秒大揭秘

砍伐雨林会让动植物失去自己的家园——栖息地，雨林原住民也失去了自己的土地。砍伐森林也会影响当地的降水量：森林促进水汽循环，并缓慢释放水汽（见“为何如此潮湿？”一节）；森林消失后，一切都将不复存在——这片区域会变得更干燥，获得食物也更加困难。

树叶通过光合作用释放氧气（见“植物如何生长？”一节），而氧气是大气中动物赖以生存的必需品。树木也会吸收动物所呼出的二氧化碳。

汽车、工厂、电站因为燃煤或者烧油而释放二氧化碳，二氧化碳浓度的增加将导致全球变暖。雨林的减少意味着二氧化碳吸收量的减少，而砍树后焚烧树木又会释放大量的二氧化碳，加剧全球变暖。

砍伐森林也会造成水土流失。树根向锚一样牢牢抓住土壤，没有了树根的固定，松软的土壤很容易一冲而散。固定在树里的营养物质也被冲散，土壤因此愈发贫瘠。

3分钟任务

测试腐蚀度

你需要：一小盆植物（下方开口）、一满盆土（下方开口）、两个碟子和水罐

分别将两个碟子放在有植物生长和满是土壤的盆子下面，给两个盆子浇水。

一分钟之后，把盆子拿开，看看碟子里的水。从生长植株的盆子里流出的水缓慢而清澈，另一边可谓泥浆横流，就是因为没有了植物根系对土壤的固定作用。

3秒钟总结

砍伐森林会造成当地气候变干，会造成水土流失。

砍伐森林会影响整个生态系统

阴影下的动物们

30秒大揭秘

一块足球场大小的雨林里面就生活着数千种不同的动植物，如果雨林消失，这些生物或者一命呜呼，或者流离失所。专家估计，每年因砍伐森林而灭绝的生物有5万种之多！相当于每天有137个物种消失！

你能想象没有猩猩、没有老虎、没有犀牛的世界吗？这些生物，还有更多其他的物种，现在都面临灭绝，甚至很多物种在人类发现之前就灭绝了。一个物种的灭绝也会殃及其他动植物，有些物种对维持生态系统的稳定至关重要，被称作“基石物种”，比如生长在厄瓜多尔的濒危动物棕头蜘蛛猴，就在硬木树的种子传播中起着不可替代的作用。

威胁雨林动物的还有偷猎者，他们为了象牙、犀牛角、鳄鱼皮或者虎豹皮而猎杀大量野生动物，有的时候甚至仅仅是为了消除有些人对野生动物的恐惧。鸟类和幼年的猴类也会被捕捉，而后作为宠物被卖掉。

令人欣慰的是，很多从事动物保护的慈善机构在保护珍稀物种上做了大量努力。动物们可以因此迁居到安全地带的森林里，或是在野生动物保护区里安家。像世界自然保护联盟这样的机构，更是从未停止争取保护珍稀物种立法的努力。

3秒钟总结

雨林里的很多生物都面临灭绝的风险。

3分钟任务

濒危生物研究

世界自然保护联盟每年都会在网上发布濒危物种红色名录。浏览www.iucnredlist.org并输入物种的名字，看看它们的濒危程度和原因：苏门答腊犀牛（Sumatran rhinoceros）、苏门答腊猩猩（Orangutan）、山地大猩猩（Eastern gorilla）、华南虎（south China tiger）。

雨林里的动物们受包括森林砍伐在内的多种威胁

人们会捕捉猴子，当作宠物贩卖或用来展览、表演

偷猎者为获取动物角、皮毛或牙齿而猎杀动物

蝴蝶被制成标本，作为纪念品被贩售

对雨林里的动物来说，森林砍伐仍然是最大的威胁，这会使它们失去家园

有些动物被杀，是因为它们看起来很危险

保护雨林

30秒大揭秘

雨林确实面临着巨大的危机，但亡羊补牢，为时不晚！政府、公益机构和当地社区都在努力保护剩下的雨林，人人有职责，人人可尽力。

保护雨林的最佳方案就是建立国家公园和保护区。这些区域内禁止伐木，野生动物能得到很好的保护。近年来这些公园如雨后春笋般设立，亚马孙雨林内的图木库马奎国家公园就是面积最大的国家公园之一：它成立于2002年，几乎有整个比利时那么大。

生态旅游的机制也极为有效：旅游者游览公园或者野生动物保护区，由此所带来的旅游收入反哺到森林保护中来。当地居民也可从中获益，维持公园的运转、保卫公园不受侵扰可是需要大量人力的。水果、坚果和橡胶的种植并不需要砍伐树木，这种农业叫作可持续农业，比单纯伐木赚的钱要多得多。伐木也有讲究：每次砍伐一小片，砍完补种新树苗，其余区域不动——通过森林管理，也能实现可持续发展。

有雨林的国家一般都比较穷，欠了富国不少外债。有时，富国会答应减免债务，条件是穷国得保护好森林。这种协议叫作“债务换自然融资转换”，对雨林的长期保护很有帮助。

小知识

一起来保护雨林

你也能保护雨林！重复利用纸张以保护树木少受砍伐；鼓励家人购买通过可持续森林管理生产的木材；尽量不要购买含椰油的植物（油椰子的种植必须以砍伐雨林为代价）；加入一个生物保护组织并适度资助保护你最喜欢的动物；通过野营、骑行、游泳等活动为保护自然募集资金……还有种树！

3秒钟总结

保护雨林，人人有责，人人尽力。

保护雨林的方法有很多种

国家公园和保护区保护森林免受伐木的威胁

生态旅游会为当地人带来收入，进而鼓励他们保护好雨林

可持续农业的精髓是不用砍伐树木就可以有收获

你的力量同样重要！减少纸张的使用就是很关键的第一步

☆ 小问题答案 ☆

第30页：食物网小测验

毛毛虫吃树叶，但同时也可能是蚂蚁的盘中餐；食蚁兽吃蚂蚁，而又被美洲豹捕猎；蜘蛛猴吃水果，而美洲豹又吃蜘蛛猴。

第50页：判断正误

1. 正确。雄性成年大猩猩叫作银背大猩猩，是族群的头领。
2. 错误。大猩猩的群体数目不大，一般5～10只成群，当然有的群体可以达到50只左右。
3. 错误。大猩猩是吃素的。
4. 正确。一只成年大猩猩大约重200千克，高170厘米。
5. 错误。从基因上讲，和人类最亲近的是黑猩猩和倭黑猩猩——不过大猩猩仍然是和人类第三亲近的生物物种。